Karin Rudi

FILIGRANE ZAUN-IDYLLEN

Zweiteilige Fensterbilder durchs Jahr

W0405594

frechverlag

Im frechverlag sind von Karin Rudi bereits erschienen:

TOPP 2194

TOPP 2351

TOPP 1990

Fotos: frechverlag GmbH + Co. Druck KG, 70499 Stuttgart; Fotostudio Ullrich & Co., Renningen

Dieses Buch enthält: 2 Vorlagenbogen

Materialangaben und Arbeitshinweise in diesem Buch wurden von der Autorin und den Mitarbeitern des Verlags sorgfältig geprüft. Eine Garantie wird jedoch nicht übernommen. Autorin und Verlag können für eventuell auftretende Fehler oder Schäden nicht haftbar gemacht werden. Das Werk und die darin gezeigten Modelle sind urheberrechtlich geschützt. Die Vervielfältigung und Verbreitung ist, außer für private, nicht kommerzielle Zwecke, untersagt und wird zivil- und strafrechtlich verfolgt. Dies gilt insbesondere für eine Verbreitung des Werkes durch Film, Funk und Fernsehen, Fotokopien oder Videoaufzeichnungen sowie für eine gewerbliche Nutzung der gezeigten Modelle.

Auflage: 5. 4. 3. 2. 1. | Letzte Zahlen
Jahr: 2003 2002 2001 2000 1999 | maßgebend

© 1999

frechverlag GmbH + Co. Druck KG, 70499 Stuttgart

ISBN 3-7724-2478-3 · Best.-Nr. 2478

Druck: frechverlag GmbH + Co. Druck KG, 70499 Stuttgart

ZAUN-IDYLLEN

Ich weiß nicht, wie es Ihnen geht, wenn Sie an Zäune denken. Mir ging es so, dass ich dabei früher immer an Abgrenzungen dachte. Bis mir auffiel, dass Zäune Plätze sein können, an denen sich idyllische Begegnungen abspielen.

So gibt es zu allen Jahreszeiten verträumte Augenblicke. Da sind die Frühlingsgefühle des kleinen Jungen, der träumend im Gras liegt, die munter quakenden Besucher am Teich, der Sommertagstraum einer poetischen Katze, verschmitzte Kürbisse im goldenen Herbst, verschneite Winterimpressionen und vieles mehr.

Sie können die Motive auch als Bilder in einen Rahmen setzen. Damit erhalten Sie einen künstlerischen Wandschmuck, den Sie auch als wertvolles Geschenk weitergeben können.

Vielleicht lassen Sie sich inspirieren und holen sich mit den Motiven in diesem Buch Ihre eigene Idylle nach Hause.

Ich wünsche Ihnen viel Spaß beim Basteln.

Ihre

Karin Rudi

Material:

- Tonkarton in verschiedenen Farben
- Transparentpapier
- Büroklammern
- Cutter (Schneidemesser)
- Schneideunterlage oder sehr dicker Karton
- Lochzange
- Evtl. spitze Schere
- Weicher und harter Bleistift
- Weicher Radiergummi
- Klebstoff

Einige Hinweise:

Alle Motive in diesem Buch sind zweiteilig und zweifarbig hergestellt. Natürlich bleibt Ihnen die Farbauswahl selbst überlassen. Die Abbildungen zeigen Ihnen lediglich einen Farbvorschlag. Einige Motive habe ich in zwei Farbvarianten ausgearbeitet.

Die Angaben zur Motivhöhe geben Ihnen eine Vorstellung über die Größe des jeweiligen Fensterbildes.

Einige Zäune werden für mehrere Fensterbilder verwendet. Sie finden die Angaben dazu auf dem Vorlagenbogen und auf der entsprechenden Seite.

Wenn Sie die Motive beidseitig arbeiten möchten, empfiehlt es sich, das Zaunteil einmal und das dazu gehörende Motivteil zweimal, davon einmal spiegelbildlich, herzustellen. Dieses bringen Sie dann deckungsgleich vorne und hinten am Zaun an.

Herstellen einer Schablone:

Für Zäune, die Sie mehrmals arbeiten möchten, bietet es sich an, eine Schablone herzustellen. Dabei gehen Sie so vor, wie auf Seite 5 erklärt, verwenden aber einen stärkeren Karton.

Ausschneiden des Motivs:

Zum Ausschneiden ist Erfahrung mit dem Cutter eine große Hilfe, besonders für die engen Schnitte im Inneren des Motivs. Diese werden immer zuerst ausgeschnitten. Denken Sie dabei unbedingt daran, eine Schneideunterlage unter den Tonkarton zu legen. Augen, Knöpfe etc. können Sie ganz einfach mithilfe einer Lochzange ausstanzen.

Schritt für Schritt erklärt:

1 Legen Sie den Vorlagenbogen mit dem ausgewählten Motiv bereit. Darüber legen Sie das Transparentpapier und fixieren dieses mit 2–3 Büroklammern, damit es nicht verrutscht. Nun werden alle Linien des Motives auf dem Transparentpapier mit dem weichen Bleistift nachgezeichnet.

2 Jetzt nehmen Sie das Transparentpapier vom Vorlagenbogen ab, wenden es und legen es auf den ausgewählten Tonkarton. Auch jetzt heften Sie wieder die beiden Papiere an den Rändern mit Büroklammern zusammen, um es rutschsicher zu machen. Anschließend zeichnen Sie mit dem harten Bleistift die Linien nochmals kräftig nach. Dabei wird der erste weiche Bleistiftstrich von der Rückseite des Transparentpapiers auf den Tonkarton übertragen. Das Motiv ist jetzt seitenverkehrt auf dem Tonkarton aufgezeichnet. Das hat den Vorteil, dass auf der Vorderseite keine Bleistiftstriche zu sehen sind.

3 Mit der scharfen Klinge eines Cutters schneiden Sie nun zuerst das Innere des Motives, dann den Rest aus. Für die Außenkonturen können Sie teilweise auch eine spitze Schere verwenden. Wenn Sie beide Teile auf die gleiche Weise ausgeschnitten haben, entfernen Sie eventuell vorhandene Bleistiftstriche mit einem weichen Radiergummi. Die Abbildungen im Buch und der Vorlagenbogen geben Ihnen beim Zusammenkleben eine Positionierungshilfe.

FRÜHLING

THEODOR FONTANE

Nun ist er endlich kommen doch
Im grünen Knospenschuh.
„Er kam, er kam ja immer noch!"
Die Bäume nicken sichs zu.

Sie konnten ihn all erwarten kaum,
Nun treiben sie Schuß auf Schuß;
Im Garten der alte Apfelbaum,
Er sträubt sich, aber er muß.

O schüttle ab den schweren Traum
Und die lange Winterruh!
Es wagt es der alte Apfelbaum;
Herz, wags auch du!

Frühlingsgeflüster

MOTIVHÖHE: Ca. 23 cm

Schüchtern bedankt sich der kleine Jonas bei Elena mit einem Blumensträußchen.

Munteres Gezwitscher

MOTIVHÖHE: Ca. 20 cm

An einem Frühlingsmorgen pfeifen und zwitschern die beiden munteren Gesellen froh in den Tag.

Frühlingsgefühle

MOTIVHÖHE: Ca. 27,5 cm

Versonnen liegt der kleine Träumer im warmen Gras
und beobachtet den Schmetterling,
der sich auf seinem Schuh niedergelassen hat.

Ausgeschlüpft

MOTIVHÖHE: Ca. 24 cm

Rechtzeitig zu Ostern schlüpft neues Leben aus den Eiern.

Frühlingswind

MOTIVHÖHE: Ca. 31 cm

Verspielt wehen die blauen Hutbänder im leichten Frühlingswind.

GEH AUS, MEIN HERZ

PAUL GERHARDT (GEKÜRZT)

1

Geh aus, mein Herz, und suche Freud
In dieser lieben Sommerzeit
An deines Gottes Gaben;
Schau an der schönen Gärten Zier,
Und siehe, wie sie mir und dir
Sich ausgeschmücket haben.

2

Die Bäume stehen voller Laub,
Das Erdreich decket seinen Staub
Mit einem grünen Kleide.
Narzissus und die Tulipan,
Die ziehen sich viel schöner an
Als Salomonis Seide.

3

Die Lerche schwingt sich in die Luft,
Das Täublein fliegt aus seiner Kluft
Und macht sich in die Wälder;
Die hochbegabte Nachtigall
Ergötzt und füllt mit ihrem Schall
Berg, Hügel ,Tal und Felder

4

Die Glucke führt ihr Völklein aus,
Der Storch baut und bewohnt sein Haus,
Das Schwälblein speist die Jungen;
Der schnelle Hirsch, das leichte Reh
Ist froh und kommt aus seiner Häh
Ins tiefe Gras gesprungen.

5

Ich selbsten kann und mag nicht ruhn,
Des großen Gottes großes Tun
Erweckt mir alle Sinnen:
Ich singe mit, wenn alles singt
Und lasse, was dem Höchsten klingt,
Aus meinem Herzen rinnen.

Sommernostalgie

MOTIVHÖHE: Ca. 30 cm

Ein Hauch von Nostalgie, Weite und Leichtigkeit des Sommers liegen in der Luft.

Dieser Zaun wurde auch für das Motiv auf Seite 7 verwendet.

Ausflug ins Grüne

MOTIVHÖHE: Ca. 22,5 cm

Den Fahrradkorb mit einem Blumenstrauß gefüllt, wird das Fahrrad für ein Picknick im Grünen am Zaun abgestellt.

Besucher am Teich

MOTIVHÖHE: Ca. 28 cm

An einem lauen Sommerabend treffen sich die Freunde am Teich zu einem gemütlichen Quaken.

Der Zaun von Seite 31 wird hier ohne Schneehäubchen verwendet (gestrichelte Linie).

Der kleine Gärtner

MOTIVHÖHE: Ca. 22 cm

Eifrig gießt der junge Gartenfreund seine Blume,
damit sie schneller blüht.

Zaungäste

MOTIVHÖHE: Ca. 23 cm

Der stolze Hahn ruft seine Hühner zum Treffpunkt an das Hoftor.

Dieser Zaun wurde auch für das Motiv auf Seite 9 verwendet.

Fensterbilder als Kunstobjekt

An dieser Stelle ein künstlerischer Tipp: Sie können Ihr Fensterbild zum Kunstobjekt aufwerten, wenn Sie es, wie hier zu sehen, mit einem Passepartout und einem passenden Rahmen versehen. Die Motive aus diesem Buch eignen sich hierfür besonders gut, da sie filigran und anspruchsvoll sind. So erhalten Sie ein künstlerisches Wandbild, welches Sie gut als wertvolles Geschenk weitergeben können. Falls Sie, wie hier zu sehen, drei Bilder zusammenstellen möchten, bieten sich z.B. die drei Motive mit Kindern (S. 9: „Frühlingsgefühle“, S. 17: „Der kleine Gärtner“, S. 28: „Unter Freunden“) oder die Motive „Ausflug ins Grüne“ (S. 14/15), „Frühlingswind“ (S. 11) und „Gartenidylle“ (S. 23) an.
Passepartouts können Sie im Fachhandel individuell zuschneiden lassen. Dort finden Sie auch Beratung, wenn Sie sich in der Ausschnittgröße unsicher sind.
Hier nun einige Motivvorschläge mit Angaben zum Passepartoutausschnitt. Sie können natürlich jedes beliebige Motiv auswählen. Wichtig ist nur, dass Sie rechts und links sowie oben und eventuell unten etwas Abstand (zwischen 1 cm und 3 cm) zugeben. Wenn Sie einen passenden Hintergrund gefunden haben, fixieren Sie das Motiv mit Klebstoff darauf.

„Sommertagstraum“ von Seite 24/25

Als Farbvariante hier das Motiv in Blautönen.

Rahmengröße:
50 cm x 40 cm
Passepartoutausschnitt:
25 cm x 37 cm

Den Hintergrund bildet ein braunes Recyclingpapier oder Packpapier in Rahmengröße.

„Ausflug ins Grüne" von Seite 14/15

Als Farbvariante hier das Motiv in Blau/Weiß

Rahmengröße:
50 cm x 40 cm
Passepartoutausschnitt:
24 cm x 38 cm

Den Hintergrund bildet hier dunkelgraues Tonpapier in Rahmengröße.

„Frühlingsgefühle" von Seite 9

Rahmengröße:
50 cm x 40 cm
Passepartoutausschnitt:
25 cm x 35 cm

Damit der Ausschnitt nicht zu groß wird, habe ich hier das Motiv etwas nach unten gezogen, sodass das Passepartout darüber liegt. Den Hintergrund bildet hier hellgraues Tonpapier in Rahmengröße.

Feierabend

MO [illegible]

Ein lauer Somme[illegible]
hinter der S[illegible]ellen ein.

Dieser Zaun wurde auch für das Motiv auf
Seite 14/15 verwendet.

Gartenidylle

MOTIVHÖHE: Ca. 32 cm

Schaffen auch Sie sich ein Plätzchen zum Wohlfühlen.
Dieser Zaun wurde schon auf Seite 17 verwendet.

Sommertagstraum

Motivhöhe: Ca. 20,5 cm

Still sitzt die kleine Katze auf ihrem Lieblingsplätzchen und sieht verträumt in die Ferne.

HERBSTLIED

JOHANN GAUDENZ VON SALIS SEEWIS (GEKÜRZT)

Bunt sind schon die Wälder,
Gelb die Stoppelfelder
Und der Herbst beginnt.
Rote Blätter fallen,
Graue Nebel wallen,
Kühler weht der Wind.

Wie die volle Traube
Aus dem Rebenlaube
Purpurfarbig strahlt!
Am Geländer reifen
Pfirsiche, mit Streifen
Rot und weiß bemalt.

Flinke Träger springen,
Und die Mädchen singen,
Alles jubelt froh!
Bunte Bänder schweben
Zwischen hohen Reben
Auf dem Hut von Stroh.

Zwiegespräch

Die lustige Vogelscheuche tut gerade gar nicht ihre Arbeit, sondern hält ein Schwätzchen mit dem sympathischen Gesellen.

Dieser Zaun wurde auch für das Motiv auf Seite 28 verwendet.

Unter Freunden

Motivhöhe: Ca. 22 cm

Nach fröhlichem Drachensteigen macht der kleine Junge ein Päuschen am Zaun.

Herbstgesichter

Motivhöhe: Ca. 29 cm

Gleich zwei verschmitzte Kürbisgesichter verkünden den goldenen Herbst.
Um das Gesicht des vorderen Kürbis frei zu halten, werden an dieser Stelle die Grasbüschel nach hinten geklebt.

Verschneit liegt rings die ganze Welt

Joseph von Eichendorff

Verschneit liegt rings die ganze Welt,
Ich hab nichts, was mich freuet,
Verlassen steht ein Baum im Feld,
Hat längst sein Laub verstreuet.

Der Wind nur geht bei stiller Nacht
Und rüttelt an dem Baume,
Da rührt er seine Wipfel sacht
Und redet wie im Traume.

Er träumt von künftger Frühlingszeit,
Von Grün und Quellenrauschen,
Wo er im neuen Blütenkleid
Zu Gottes Lob wird rauschen.

Schneefreude

Motivhöhe: Ca. 25 cm

Hurra, endlich hat es geschneit!

Die Schneehäubchen auf dem Zaun werden separat ausgeschnitten. Sie sind auf dem Vorlagenbogen mit gestrichelter Linie eingezeichnet. Der Zaun wurde auf Seite 16 schon verwendet.

Winterruhe

MOTIVHÖHE: Ca. 20 cm

Verschneit liegt die ganze Welt in der abendlichen Dämmerung da. Still geht nun der Tag zu Ende.